Marginales 121

Nuevos textos sagrados
Colección dirigida por
Antoni Marí

Antonio Colinas

LOS SILENCIOS
DE FUEGO

1.ª edición: octubre 1992

Diseño de la colección: Clotet-Tusquets
Diseño de la cubierta: MBM
Reservados todos los derechos de esta edición para
Tusquets Editores, S. A. - Iradier, 24, bajos - 08017 Barcelona
ISBN: 84-7223-639-0
Depósito legal: B. 32476-1992
Impresión: Grafos S.A. - Zona Franca, sector C, calle D 36
08040 Barcelona
Impreso en España

INDICE

HOMENAJES Y PRESENCIAS
Carta a Boris Pasternak, *13*
Memorial amargo, *15*
Toledo, *17*
En el museo, *19*
Amanecer, *21*
Junto al Huécar, *23*
Meditación en el simposio, *25*
La noticia, *27*
En Bonn, aquel anochecer, *29*
Medianoche en el Harz, *31*

ENTRE EL BOSQUE Y LA MAR
En el bosque, *37*
Miramar, *39*
La fuente, *41*
La prueba, *43*
El náufrago, *45*
Lumbres de Tánit, *47*

Oveja homérica, *49*
La noche blanca, *51*
Tántalo contra Sísifo, *53*
Frente al mar, *55*
El ángel de música, *57*
Blanco/Negro, *61*

TIERRA ADENTRO
Semana de Pasión, *69*
Pastor de ruinas bajo la tormenta, *77*
Valle del Silencio, *79*
Duruelo, *83*
Tres canciones de invierno, *85*
Paraíso en la nieve, *89*
La encina, *91*
La hora interior, *95*

A
María José,
nel mezzo del cammin

HOMENAJES Y PRESENCIAS

CARTA A BORIS PASTERNAK

Sólo hace algunos meses
que no era nada fácil escribir sobre ti
y ahora (¡quién lo iba a imaginar!)
llueven tus libros, llueven
los libros que los otros te dedican;
ahora te descubren y se llenan
con tus fotos gloriosas diarios y revistas.

Dicen que todo es porque ha caído un muro.
Yo creo que son muchos los muros que han caído.
No me refiero a los de acero y piedra,
a los de sangre y lágrimas.
Me refiero a esos muros más sutiles
que levantan, a veces, las mentes de los hombres:
el muro de la envidia, el muro que difama,
el muro que silencia y el muro que persigue
y ese alto muro de la incomprensión
que, por norma, levantan en torno a los poetas.

[13]

Me creí en el deber de escribir sobre ti
sin saber que es el tiempo quien escribe
—sin prisas y en silencio—
a favor del poeta que se ha ido;
el tiempo cruel que pasa y pasa y pasa,
que madura los frutos más amargos,
que oxida las ideas, que arrastra los cadáveres
y que moja su pluma en el silencio
para escribir lo que de ti debía.
Ya te entregan la gloria que te deben.

Por eso, yo no quiero saber si hubo un muro,
si se trazan aún fronteras como heridas,
si a veces se levantan en el mundo,
y en la mente del hombre,
alambradas de espinos, muros de odio.
Hoy sigo haciendo lo que siempre hice
cuando de joven descubrí tus libros:
reconozco tu lucha,
reconozco la lucha del que sólo posee su palabra,
reconozco la lucha del que a solas resiste
contra todo poder.

Solamente entreabro de tus libros las páginas
y leo como entonces yo leía
tus cuentos, tus poemas, tu novela:
despacio, muy despacio,
mientras fuera es invierno.

MEMORIAL AMARGO
(Antonio Machado)

Brotar, cual manantial de luz, del sur.
Una infancia con sueños de otro mundo:
luna madura aromando ocasos,
hogueras violentas del azahar
que no queman, mas sajan la memoria.

Clamores de las claras alamedas.
Cicatrices violáceas de Castilla.
Albas frías en cuartos heladores,
pinares, la sangría del amor.
La juventud del agua horadando
la roca de la edad que no perdona.
La noche oscura de los solitarios.

Probar duro en la espalda ese madero
de la cruz del sentir y el razonar,
a la vez, para mucho y para nada.
Por fin, seguir con fardo de dolor
lento camino-osario, cenizal.

TOLEDO

Barro cocido y muertos muy gloriosos.
Arrasado está el cielo del ocaso
por sangres y por labios con cipreses.
Los sueños sólo son oro soñado.
Si abrís las piedras negras, brota luz.
Si abrís la luz, brotan cuchillos negros.

EN EL MUSEO

Quisiera penetrar en ese cuadro,
ser en su leve espacio forma leve,
aroma de su atmósfera madura.
Estar en ese cuadro como está
el agua melodiosa de la acequia,
el cielo malva en paz entre las nubes
o esa luz que desciende como nieve
de hierba o como el oro de los prados.

Regresaría al huerto de la infancia
que perdí, al desnudo de mujer
que es todos los desnudos, a los pinos
de Roma o a esas calles italianas
donde me extravié y fui dichoso.
¡Fundirse en arte para no morir!

Y sabiendo que es mucha la alegría,
el goce de envolverme en esa luz
y ser tiempo en el cuadro que no muere,

quisiera yo también, por ser humano,
entrar en él para probar dolor,
la luz gris de visillos y de espejos.
Sentir amor y respirar nostalgia
junto a los personajes de los cuadros,
que hieren y, a la vez, nos dan placer.

    Penetrar en el cuadro y recibir
de repente el temblor de los cerezos
en el rostro como un fuego que inflama.
No existir, mas durar en las miradas
de cada visitante del museo.
No existir, mas arder muy lentamente
en las llamas-colores del pintor.
No ser nunca como es la carne nuestra,
que no cesa en su grito, y que perece.

AMANECER

Hay una casa envuelta
en sudario de frío.
Una rosa de carne
y de sombra se entreabre
en el labio del monte.

En un horno de roca
se funden como vidrio
los ojos de la noche.
Estrellas que cayeron
no podrán ya ascender
a su negro dominio.

Ruiseñor desvelado
picotea la luz
allá donde la cueva
va llenando en silencio
su boca de buen oro.

El agua del nevero
es un charco de sangre.

JUNTO AL HUECAR

He traído hasta este valle
mi cabeza sobrecargada de ideas,
mi corazón abrumado de sentimientos,
pero aquí, en su paz, he sabido
del silencio de la nada,
de la sublime purificación del vacío.

Al amanecer,
me he librado de las ideas y de las pasiones;
las he dejado en orilla apartada
y las he visto discurrir río abajo
con las aguas claras de la hondonada.
Ahora, mi cabeza sólo es ese peñasco amarillento
lavado por la nieve y los soles;
mi corazón sólo es soto de álamos
tembloroso en su olvido de luz y gorriones.

Esos álamos que en verano
tendrán aroma y plata en sus hojas;

[23]

esos álamos que en invierno pueden ser
troncos abatidos
bajo hacha de leñador.

MEDITACION EN EL SIMPOSIO

Desmenuzamos el conflicto
de las generaciones literarias.
Fijamos con clavos de rigor
las palabras de aire de los autores magnificados.
Enfermos de palabrería,
no cesamos de definir sin definir.
Todos hablamos y hablamos y hablamos
mientras del día el humo hace noche,
mientras el cieno torna el blanco en negro.

Nadie mira hacia el cielo.
Nadie lee en la tierra.
Nadie escucha la agonía
del murmullo del agua en los manantiales.
Arden quinientos pozos de petróleo.
Otros vomitan de su negro vientre
sobre blancas arenas, sobre claros corales.
Van y vienen, sin pausa, los políticos,
dan vueltas y más vueltas al planeta,

mas ellos aún no creen
que los coeficientes planetarios
de podredumbre
sean lo suficientemente preocupantes.

Esos pozos en llamas son la obra
vívida y trágica de este fin de siglo.
Con sus imágenes de fuego,
con sus metáforas de muerte,
ellos son el poema.

LA NOTICIA

¡Es tan hermosa esta ciudad! He visto
en cada casa una biblioteca
y un corazón feliz tras los visillos.
Una mañana de éstas, melodiosa,
al abrir un volumen muy selecto,
vi una gota de sangre en una página.
Y vi cuadros antiguos de oro vivo,
y muebles torneados con silencio.
Mas encontré un gusano en la madera
y una grieta en un óleo venerable.

Fuera, la niebla en el canal, los negros
tilos cubiertos por el verde musgo
y, dentro, aquel sosiego del leer,
y escuchar, y gozar de un tiempo excelso
con la taza tan tibia entre las manos.
Alguien, luego, abrió en la quietud,
tan perfecta, un ojo diabólico,
y fulgió en la pantalla la noticia:

[27]

lloraban unos niños, una madre
lloraba y aquel padre arrodillado
besaba espantado arma y manos
al soldado que había incendiado
la casa, suplicaba aún su perdón.

Después de ver el sol de aquellos rostros
comprendí el esplendor de esta ciudad
tan culta y tan cargada de riquezas,
las lágrimas que vale su oropel.
Y supe, al fin, lo que faltaba en esta
mañana de oro y musgos ilustrados:
era aquel sol moreno de unos rostros
vencidos y las lágrimas tan tibias
como el té de la taza floreada.
Faltaban la bondad y amor humanos,
bajo otro sol, ardiendo en cielos puros.

EN BONN, AQUEL ANOCHECER

En Bonn, aquel anochecer de hojas caídas,
subíamos, con frío, andando desde el Rin.
Ibamos a cenar al restaurante
de un palacete ahora convertido
en Casa de Cultura.
(En realidad, aquel bello edificio
sólo había sido una estación de trenes
construida y utilizada una sola vez
durante el viaje que hizo el Kaiser
para visitar a una de sus amantes.)

Desde que abrí la puerta,
me llegaron distantes unas notas de Bach,
la música solemne
de un piano perfecto.
Todo era bello y cálido y alado
en la atmósfera intensa de las salas,
mas la música aquella del piano
a mí me parecía algo más

que notas desbordadas, algo más
que música.

   Me puse a buscar por los pasillos
aquella melodía, a preguntarme
de dónde iba brotando su fluido misterio:
¿acaso de una radio, de un disco o de qué
ocultos altavoces?
Cruzaba los pasillos sin mirar
los mármoles, los cuadros, el fulgor
congelado de las cristalerías, todo aquel
arte muerto, como de cementerio.
Con avidez buscaba yo el origen,
el manantial seguro
de aquella melodía tan perfecta.

   Al fin, llegué a una puerta alta y verdosa
y vi a una mujer que la guardaba,
cual sibila, apoyada en el muro,
con los brazos cruzados, con el rostro sereno;
la mujer que enseguida alzó las manos,
y se llevó un dedo hasta los labios,
y musitó suave: «No, no puede
pasar de aquí. Detrás de esa puerta
ensaya, toca a Bach
el maestro
Sviatoslav Richter».

MEDIANOCHE EN EL HARZ

Ya casi es medianoche,
pero aún se ve sobre el río, entre los tilos,
un resplandor de ocaso.
Las piedras de esta negra abadía
huelen a manzanas y a incienso.

¡Cómo os recuerdo entre estas arboledas alemanas,
poetas del amor, la belleza y la muerte!
¡Cómo fertilizan vuestros versos del más allá
el más acá de mi soledad!

Una muchacha rubia o morena,
acaso de piel blanca o piel oscura
−¿de ojos azules, verdes o castaños?−
cruza el puente, extravía unos instantes
en el agua sonámbula sus ojos
y luego, por el fondo del camino,
va a perderse en el bosque todo noche.

Quizá nunca sabré quién era ella,
esa muchacha que representaba a todas las muchachas.
Y ya no lo sabré por no volver a verla.
Todo fue muy difuso:
transcurría la cena
y entre las voces, y risas, y rostros de muchos,
entre el tibio ardor de unas velas
vi brillar unos ojos felices y cansados.
¿Bajo cabellos de oro o cabellos de noche?
¿En la nieve de un rostro o en un rostro con noche?

Inflamaban las velas la atmósfera amarilla.
Sensación milagrosa que me daba
a la vez un gran goce y gran pesar,
pues al fundirse el tiempo
más raudo que la cera de las velas
se consumía y se consumaba mi contemplación.

En realidad no sé quién era ella,
esa muchacha que representaba a todas las muchachas.
¿Era la de las miradas en el palacio de los Barbarroja?
¿La que se demoraba frente al cuadro
de la Bella Durmiente?
¿La que acariciaba una guitarra de musgo?
¿La que siempre llevaba en sus manos un libro?
¿La muchacha de tierra y de praderas?
¿La del tierno abrazo en el cruce

del corazón de la ciudad de los palacios?
¿La que dibujaba cuerpos en la noche?
¿Quizá la que como Furia de entusiasmo
parecía haber brotado
de los hayedos y de los abismos del Bröcken?
¿Las que cantaran Goethe, Hölderlin, Novalis, Kleist?
¿Margarita, Diótima, Sophie, Pentesilea?

Sólo sé que en el relámpago verde de la arboleda,
junto al trueno de piedra de la abadía,
vi el cuerpo de una joven
saltar de una ventana
hasta el prado
como un rayo violeta.

Luego, blanca hostia fue el cuerpo de la joven
que comulgó la noche en paz del bosque.

ENTRE EL BOSQUE Y LA MAR

EN EL BOSQUE

¿De dónde nace este clamor del bosque?
¿Es el clamor del silencio?
¿Es un clamor de muerte?

Arde el crepúsculo entre los troncos
como una hoguera de frío rojo
y se oyen disparos en lo impenetrable.
Fugacidad de aguas sombrías.
Estertor de animales muertos.

Aquí quedo en la linde del bosque,
en el límite de la luz y del fuego.
¿Seguiré la senda que no regresa
o sólo la veré perderse en la espesura
como lanza de bronce?

Tomar la decisión antes de que la noche
tizne la plata de los olivos,
descienda como lluvia de carbón.

[37]

¿Será posible acallar el pensamiento
para abrazar el misterio,
soñar que, al fin, todo es sueño profundo?

El bosque es el camino del rayo.

MIRAMAR

Hasta el anochecer me adormecen esquilas
de rebaños sonámbulos, un fuego que no quema.
Después, toda la noche, las estrellas distantes
son de música negra que de lejos imanta.

Olvido más profundo y denso que una muerte
aquí, donde el gran Llull siendo sabio dejó
de serlo para orar oculto en la quebrada,
y el archiduque Luis Salvador encontró
en pastores y olivos paraíso en la tierra,
y Robert Graves araña con su muerte cipreses,
ramos amargos, rocas, los laureles, las fuentes.

Olvido en la pobreza sublime de los montes,
en mar calmo y eterno; olvido en el templete
de oro y de mármol, sobre el acantilado;
olvido entre las ruinas del antiguo cenobio
ahogado en la ladera por salvaje arboleda,
con el sol en la boca y abejas en los ojos

[39]

y cigarras vibrando en la música-sangre.

Esto acaece en los tiempos del descreer profundo.
¿Recordáis? El del aire con sulfhídrico y llagas,
en que hombres como ratas hozan en las ideas
sin ideas y roen en los últimos sueños.
Ladera abajo rueda la luz, mas no es de luz
lejos de aquí este siglo. Olvido en unos labios,
en soledad consciente, en soledad perdido.

Así era aquel tiempo feliz de los orígenes.
No mienten esta costa, esta mar, esta luz.
No mienten las esquilas tan antiguas: acordes
de infinito en palmeras colgadas del abismo.

LA FUENTE

Los perros van y vienen muy nerviosos
del bosque hasta la fuente,
de la fuente hasta el bosque.
Aquí, en el barranco verde y hondo,
la cancela de enebro de la casa
abierta está,
pero nadie hay en ella.

Quizás alguien se encuentre en la espesura,
quizás alguien nos mire desde el bosque
con sus ojos de piedra,
allá donde los perros van y vienen
del bosque hasta la fuente,
de la fuente hasta el bosque.

Mas nada nos importa la tarde, su silencio,
los cerezos en flor, el breve huerto
que en el estío ardiente será veraz reflejo
del paraíso.

Y nada importan los ocultos ojos
que en la linde del bosque nos vigilan.

Junto al laurel enorme,
excavada en la roca,
hemos hallado la sagrada grieta,
el corazón de agua de la fuente.
Por escala de musgo y de raíces,
mano tierna me lleva a la matriz del monte,
al útero del tiempo,
a lo húmedo oscuro donde anida la luz.

LA PRUEBA

Mira: a punto estás de penetrar en el bosque.
Vas a dejar la casa blanca de la cima,
tan plácida, tan llena de música y sosiego,
y ahí te espera el bosque impenetrable.

Irremediablemente deberás cruzarlo:
el bosque que desciende por ladera escabrosa,
el bosque en que no hay nadie
y el bosque en el que puede haber de todo,
el bosque de humedades venenosas,
morada de lo negro
y de una luz que enturbia la mirada.

Entra en él con cuidado y sal sin prisas,
mas nunca se te ocurra abandonar la senda
que desciende y desciende y desciende.
Mira mucho hacia arriba y no te olvides
de que este tiempo nuestro va pasando
como la hoz por el trigo.

[43]

Allá arriba, en las ramas,
no hay luces que te cieguen si es de día.
Y si fuese de noche,
la negrura más honda la siembran faros ciertos.
Todo lo que está arriba guía siempre.

Mira, te espera el bosque impenetrable.
Recuerda que la senda que lo cruza
—la senda como río que te lleva—
debe ser dulce cauce y no boa untuosa
que repta y extravía en la maraña.
Que te guíe la música que dejas
—la música que es número y medida—
y que más alta música te saque
al fin, tras dura prueba, a mar de luz.

EL NAUFRAGO

¿En estas costas se renueva el mito?
Este invierno, flotando entre las olas,
sonámbulo, amarrado a unos maderos,
ha llegado un cadáver a la playa.

Su rostro es como un mapa de alga y musgo.
Los peces devoraron labios, ojos,
y están negruzcos muslos y muñecas
allí donde la soga ató la carne.

Acaso él era un náufrago vencido
por el oscuro y furibundo ponto.
Quizá, como un osado, iba cruzando
la extensión infinita de las aguas;
luchaba contra cielos, contra abismos,
como un dios, y le vino la condena.

Sólo un detalle nos llenó de dudas
y convirtió en tragedia el bello mito.

Otra lectura hicimos del cadáver
al ver en su costado la hendidura
roja y violácea de una cuchillada.

LUMBRES DE TANIT

Como adentrarse en monte por la noche
o en fosco laberinto de jardines
con fuentes que murmuran sus silencios.
Como ver piedras negras, como alzar

hogueras negras entre mármol blanco.
Como pozos con noche hasta los bordes
o lumbres que relumbran y no queman.
Como dos corzos negros en un soto,

temblorosos, muriendo, mas tan vivos
como está el firmamento en el estanque:
siempre sembrado de diamantes negros.

Y en mares lentos navegando oscuros,
y lloran negra música, y reflejan
mis lagos en sus lagos: son sus ojos.

[47]

OVEJA HOMERICA

¡Hace ya tantos siglos que salvaste a aquel hombre
de manos ensangrentadas
sacándolo de la negra cueva,
arrastrándolo debajo de tu vientre!
¡Han pasado también tantos siglos
desde que en otra gruta
tus ojos mansos, mudos,
fueron testigos del nacimiento de un dios!

Nosotros para bien y para mal
hemos ido cambiando.
Nuestros ropajes fueron muchos y variados,
aunque siempre ocultábamos debajo
un corazón de lobo.
Hemos bebido del agua de los manantiales
y envenenamos esa misma agua.
Nos gusta abrir la tierra
para sembrar
y para sepultar.

[49]

De nuestros labios salen plegarias y blasfemias
y seguimos tendiendo las manos
para la caricia y el asesinato.

    Oveja antigua y quieta en ladera escabrosa,
en tu mirada fija, en tu mirada clara,
en tu condenada pasividad,
resumes lo seguro y nuestras dudas,
nuestro ser y no ser:
lo abismal, el amor, el espanto.

    Y todavía,
por no se sabe qué antiguo terror,
sales huyendo cuando llega el hombre.
¿Huyes del asesino?

LA NOCHE BLANCA

¿Qué recompensa se nos está concediendo
a los que contemplamos la noche blanca?
La luna llena inflama en el valle
inmensa primavera de almendros.

¿Este milagro de lo blanco
hará que olvidemos lo negro?
Vas y vienes de aquí para allá, sonámbulo
en el valle sonámbulo,
donde todo es revelación
y, a veces, a tu paso se alza asustada una paloma
tan blanca en lo blanco de la luna.
La noche blanca
¿es el epílogo de la noche de la vida que perdimos
o el umbral de una noche que esperamos?

Esperar y callar, ensoñar y callar.
Nos creemos que estamos muy lejos de este mundo
porque además nos cerca

un anillo más blanco: el de la mar lunar.
Mas al fin llegará el alba más amarga
llevándose este sueño
de lo blanco que pasa incendiando lo blanco.

¡Noche blanca, florida de ermitas y de cementerios
en la que sólo nos falta la nieve!

TANTALO CONTRA SISIFO

> Dos almas, ay, viven en mi pecho.
> La una quiere separarse de la otra.
>
> Goethe, *Fausto*

Siempre hubo en él dos personas contrarias
y luchó por fundirlas en una, eternamente.
Pero ambas le desgarran y siempre le dividen.
Mira la una hacia el mundo y desea brillar.
La otra mira a su centro y es murmullo en la sombra.
La una es terrestre y tiene fe en la tierra,
en ella se extravía y se funde tenaz.
La otra apenas pesa, es de aire, y aspira
a subir allá arriba donde la nada es todo.
Una habla y, hablando, se siente insatisfecha,
no da con la palabra que buscó desde niño.
La otra calla profundo y guarda una palabra
secreta que repite como sílaba mágica,
palabra que contiene un saber que no sabe.

Una inspira calmada, la otra espira rendida.
A veces, a una y otra —gran misterio del ser—
las anula al instante respirando en el bosque.
Mas éste que respira y que anula ¿quién es?

[53]

¿Es de tierra o de aire, de palabra o silencio?
¿Quién es ese tercero que pretende anular
a sus sombras contrarias, a sus voces distintas?
El respira y respira sabiéndose, a la vez,
perecedero, eterno, de luz y sombra lleno.
Pues que un día habrá de morir, ¿qué será
de él, que también sabe que fue eterno en sus sueños?

    De Tántalos y Sísifos tiene lleno su pecho.
Respira y respira cuesta arriba, ascendiendo.
Y en la cima ve luz de su reino perdido,
pero luego se abisma en lo hondo del valle.
Y respira, respira como un viento estrellado,
pues escuchó allá arriba música de otro mundo.

    Inspirar, espirar, respirar. No existe otra razón
para él, otra verdad. Y la duda que tiene
por saber que no sabe. Y que un día, al morir,
puede ser luz o escoria en cielo o en infierno.

FRENTE AL MAR

Al fin ya no eres mar ni eres cielo: sólo límite.
Siempre espero en tu orilla y nada llega.
¿O acaso llega todo con la luz,
con el silencio de las albas blancas?

No cerrarse. Abrirse, abrirse siempre
a lo no escrito, a lo no hablado, a lo no impuesto,
a lo que nunca ha sido norma, combate, sangre;
abrirse a lo difuso y a lo informe,
a lo blanco y lo negro.
Que ni siquiera sea este mar
el de los sueños
—mar vinoso de Homero—
para en pureza y en olvido hallarme
otra vez a mí mismo.

Y así, purificado, y mudo, y sordo,
volver a renacer como renace
la flor de espino entre los peñascales,

[55]

que lleguemos al mundo que perdimos,
que se dé el encuentro, al fin, con Armonía
desde nuestra armonía,
libre por siempre tú y libre yo,
oh mar, de estas cadenas infinitas.

EL ANGEL DE MUSICA

I

¿Cuándo estaré yo al fin siempre contigo?
Hace ya tantos años que tú tiemblas
sobre el mar, sobre mí, bajo los cielos.
Y siempre suenas lejos, como música.

Hoy te esperaba aquí, junto a las olas.
Sentí un aroma de algas abismales
y un crujido de conchas en la orilla,
mas no llegaste a ser Venus naciendo.
Otros días le doy la espalda al mar,
sigo senderos hondos en el bosque,
y entonces, a lo lejos, brillas, tiemblas.

Alguna noche habremos de encontrarnos.
No sé si en éste o en los otros mundos.
Tendrás la voz quebrada, el cuello blanco,
olerá el mar a azahar en la penumbra.
Nos soñamos de lejos para amarnos
y sólo nos amamos al soñarnos.
Alguna noche besaré el misterio.

[57]

Si no te llamo, vienes; si te llamo,
todo es noche que hierve en mi cerebro.
¿Cuándo serás la música vencida,
milagro de una luz que se hizo humana?
¿Habrás de condenarte y condenarme
a ser sólo una música de luz?

II

Como se abre el dolor se abre la música.
¿Dónde aquel reino de ella que perdimos,
campo remoto en el que fuimos son?
Siempre al oírla nos sume en su sima.

Regresaré a jardines de otros mundos
que entreveo por esa grieta de oro
que abre el piano y la soprano abisma.
Al fin rescataré sueño que es vida.

Tú me llamas, me llamas, ángel cierto,
que acá en olvido me hundes y que allá
música de tu música me hiciste.

Mientras estoy velando, melodía,
me hieres y me embriagas, me susurras:
«Verás cómo florecen tus cenizas».

BLANCO/NEGRO

I

Lo blanco más lo blanco
da lo negro.
Lo negro más lo negro
da lo blanco.
Lo negro más lo blanco,
unidad de contrarios.

II

Somos en la nada.
Somos nada.
Somos lo que no somos.

III

Todo el espacio
para el silencio,
pues el silencio
es mi espacio.

IV

El corazón impone
su ritmo a la vida,
pero el ritmo del mundo
no cesa y resuena
infinito,
entierra corazones.
Armonía en la muerte.

V

Los labios
como leños
que arden
y aroman
y nos queman
y son nada.
Humo el amor.

VI

Carne joven.
Negra tierra.
Floración.
Corrupción.

VII

Protege el muro al hombre,
mas la luz en el muro
se parte en sombra,
siembra muerte en la carne.

VIII

Eterna libertad
del mar encadenado.
Cadenas que la mar
con su luz nos arranca.
Inmortales mortales,
libres en el abismo
de la luz.

IX

En la boca besada
los jardines vedados.
Paraíso perdido,
alcanzado
y perdido.

X

Arómame
aroma
y tu ola
me suma
en la sima
serena
que es nada
y que es todo.

XI

Se clavan las estrellas
en la carne
y ésta sangra estrellas.
En la carne del mundo,
en los muertos del mundo,
se desangran los dioses.
Cenizal estrellado.

XII

Al fin, ser sólo esfera
de fuego musical.

TIERRA ADENTRO

I

Era como si en el corazón del frío
se abriese el dolor.
Salía del tiempo de la infancia y apartaba ortigas
para ir con cuidado y no caer en las tumbas
vacías del Cementerio Viejo.
En las noches de luna,
apoyaba la espalda en los muros del templo
y cerraba, y abría, y cerraba los ojos
contemplando esa luna.
O ponía la frente sobre los barrotes de la verja
y sentía el frío del hierro,
y escuchaba la llamada de la lechuza.
Otras veces, abría mucho los ojos en la sombra
para distinguir el rostro románico del Salvador,
que los chicos apedreaban para que llegase la lluvia.

Entre llamadas de sabiduría
y llamadas de muerte
se iba abriendo como una herida la primavera,

que removía la savia bajo la corteza de los chopos.
Los chopos que al cortarlos, en mayo,
aromaban las calles.
Pero aún era el tiempo del recogimiento.
Se abría la semana de pasión.

Tumbado sobre el arcón de nogal
me adormecía viendo girar arriba en la cúpula
las túnicas y símbolos de los evangelistas,
un rosetón de colores ácidos.
Y sentía el aroma de cirios apagados,
de los viejos retablos húmedos,
la respiración de las lajas frías del suelo
y el olor a angustia
del velo de la imagen de la Soledad,
el velo que cubría su rostro.

Nunca llegué a saber si sólo era un rostro
lo que cubría el velo
o había algo más detrás de él.
¿Quizá la negra noche de todos los misterios?
Una ligera gasa celaba en aquel rostro
todo cuanto estaba más allá de mi infancia.
Y, al abrirse o cerrarse la puerta,
aquel velo temblaba,
temblaba
como si la imagen respirase.

[70]

Teníamos que estar fuera, jugando con los otros,
envueltos en la luz, arrancando
las primeras flores de los jardines,
pero preferíamos cerrar la puerta de la ermita
y coger una gruesa soga de esparto,
y atarla a la viga del coro
para hacer con ella un columpio.

Iba y venía lento en la sombra,
columpiándome
de lo negro a lo negro,
mientras mis ojos fijos, hechizados,
escrutaban el velo
que cubría la faz de aquella imagen,
el velo que temblaba, que temblaba.

II

Y, sin embargo, había otro temblor
en un rincón del templo,
todo él anuncio de oro y de verano:
la llama aceitosa de una lámpara.
A partir de esa llama se iba abriendo la luz,
día a día, con músicas y pasos,
con puertas y campanas.

Solía haber tormentas de polvo
o lluvias breves con olor a hierba
cuando el estruendo de las carracas
y de las piedras golpeadas ahora contra el suelo
acababan con las tinieblas,
y se apagaban los cirios de uno en uno,
y se rasgaban los velos de todas las imágenes,
y se instauraba el silencio.
Antes de la semana de pasión,
se abría el dolor en el frío.
Ahora, se abría la luz en el dolor.

Había que sacar toda la muerte a la luz,

llevar aquel dolor de los rostros de las imágenes,
aquellas pieles heladas, o amarillas
como la cera de los cirios,
a recibir al alba la luz de la estrella.
Había que orear andas e imágenes
con el sol de los mediodías
y con la brisa de los ríos,
hasta que floreciesen los maderos de las cruces,
hasta que el dolor floreciese.

En aquella semana de pasión
tenía que florecer todo el dolor del mundo.
Los moretones del mal,
la sangre seca, negra, de los crucificados,
la sangre de la carne sembrada de espinos,
la sangre por los siglos de los siglos
masacrada, inocente,
había que lavarla en la luz.

Hasta las tumbas ya abiertas del Cementerio Viejo
se abrían, entre ortigas, a la luz
para que se purificase todo el dolor del mundo.
El templo se quedaba con las puertas abiertas,
vacío, sin imágenes.
El columpio iba entonces
de la luz a la luz.

III

En aquella semana de pasión
había otra primavera: la de mi carne.
Había un balcón en una casa
y en el balcón brillaba de noche una luz,
y yo iba y venía bajo aquella luz
amarilla también, también de oro.
Había visto el comienzo de unos muslos
debajo de unas medias
y la boca roja sin dolor
de una adolescente.

El tiempo fue de pronto una mezcla
de incienso y de azucenas,
y las voces del coro cantaban:
«Si yo tuviese alas para poder volar...».
¿De dónde habían traído al reino del invierno
tantos ramos de olivo?
¡Ramos de plata antigua al sol antiguo!
Aquel domingo se entreabrían los ramos
como la carne de ella,
como sus brazos blancos y sus manos tan blancas.

Inesperadamente,
los ramos del olivo habían traído
el tiempo del amor.

Así que yo empecé a decirle a ellos:
«No me esperéis esta noche».
Y me quedaba en casa, al calor
del recuerdo, al calor
de otra lámpara: la de los ojos de ella,
la de la boca roja, la de las manos blancas.

Ella, que luego se iba para otra ciudad,
cuando yo reemprendía el curso,
cuando acababa (¿o comenzaba?)
la semana, el tiempo de pasión.
A veces me perdía en la noche del templo
donde ya no había velos
que cubriesen la faz de las imágenes.
La música del órgano desgarraba recuerdos,
y mi plegaria, al fin, era el poema.
«Si yo tuviese alas para poder volar...»,
cantaba sin cantar, con los labios cerrados.

Ya en casa, si llamaban a la puerta, respondía:
«No, tampoco me esperéis esta noche».
Estando ya más cerca del verano
¡lo sentía tan lejos!

A solas, aunque ya era primavera,
veía cómo aún regresaba la nieve
sobre el manzano sin hojas
y olvidaba oyendo su silencio, ¡tan blanco!

La montaña cómo negro carbón,
la montaña bajo un manto de nieve negra,
bajo un cielo descoyuntado
como la osamenta de un buey viejo
que un hacha hubiese quebrado por el espinazo.

Sentado sobre una roca que da paz,
mientras siente en el rostro lluvia como hierba,
el guarda que pastorea estas ruinas
espera la llegada de los saqueadores de tumbas.

Con las primeras sombras de la tarde,
este hombre suele correr desesperadamente,
monte arriba, detrás de los furtivos.
Es como si pretendiese perseguir,
allá donde se hunde la tumba del sol,
el corazón de la noche.
En realidad, él no hace otra cosa
que defender la memoria del hombre,

la corona de luz del tiempo
salvada en ruinas.

A lo lejos, sobre un horizonte
de espigas de oro,
saltan los relámpagos.

El río nos señala la dirección del manantial,
las flores del nevero: la Verdad sin verdades.
Por la vena del río buscamos el útero de la roca,
el cuenco rebosante de pez negra de la noche.
Cuarzo y nieve sepultan fechas, nombres, ideas.

La santidad es esta luz de las peñas albas,
ese ojo o antorcha del sol incendiando los cielos
y la verde sombra venenosa de las ortigas
entre las que alza, amenazador, su guadaña
el último habitante de este nido de sierpes.
(Nos había confundido con los que hace años
vinieron de madrugada a llevarse para siempre
la gran cruz mozárabe de plata.)

Yo iba leyendo los pecados de los hombres
en la lepra de los muros del cenobio.
Leía las sangres cuajadas en el retablo
del templo que abandonaron los sacerdotes.

Vi cómo dolor y plegarias cauterizaron las grietas
en la cueva del asceta indomable.
Vi el nuevo paganismo en el orín y en las pintadas
que habían dejado sobre el ara los excursionistas.
Y he imaginado cómo los ladrones
arrastraban por el precipicio
la cabeza de piedra de Cristo
tras habérsela tronchado
con otra piedra aún más grande.

Porque la santidad es una lápida
de piedras ilegibles.
La santidad son estas ruinas
que hierven entre castaños,
en las que está temblando una luz sin tiempo,
un silencio lleno de muerte y de paraíso.
Este río no sólo se llama Oza
y brota del Pico de la Cabeza de la Yegua.
Este río le ha dicho a los amantes
que ese lobo que cruza fugaz por el prado enlunado
es el mismo Nuestro Señor.
Este río nace y murmura en los mármoles del Tiempo.

Muchos son los caminos de este mundo,
pero sólo esta senda de agua
por la que seguiremos ascendiendo
el tiempo que vivamos,

sólo esta senda que avanza y avanza y avanza
por el silencio de un valle sin salida,
conduce al silencio de Dios.

DURUELO

Reverberaba de soles el páramo sediento,
la yerma soledad de los espíritus,
cuando en vaguada negra de encinares
alquerías ruinosas vomitaban el heno,
el desconsuelo de los rebaños sin pastor.

Fuego absoluto de los mediodías,
fuego de una tierra sin tiempo.
Cerca de allí, detrás de un alto muro,
el vedado jardín,
las frescas, inalcanzables ramas de los álamos
acariciando un cielo de cal viva,
sombreando el pozo de las almas abrasadas de Dios.

Cercado por las esferas de luz del desierto,
entre crujidos de espigas y de cruces de palo,
surtía su sueño el manantial de otra vida.
Voz feliz de cristal detrás del torno
del monasterio humedeció mis ojos,

[83]

arrastró como un viento frío y puro
(en mes de julio en llamas)
todo el dolor-hedor de ser mortal.

Después, un firmamento armónico de voces,
una música almada
(ni de aquí, ni de allí, ni sé de dónde)
me sació y me sacia y habrá de saciarme.
Despierto ya, emprendí el regreso
despacio (mas sin sed)
por camino de polvo y de pedernales y de calaveras.

TRES CANCIONES DE INVIERNO

I

Veíamos detrás de aquella casa
un árbol enlunado de invierno
y nosotros allí, quietos en el camino
que ascendía entre muros de piedra
hacia la noche de un monte.

Nosotros, en sendero de frío y amor.
Sí, creo que era amor
aquel leve lenguaje
del vino y del silencio
hablando por nosotros,
aquel sentirnos juntos
estando separados.

Llegarán otras noches
y seguiré soñándote
en árboles con luna,
en caminos de frío,
aunque seguramente estaré solo
y, quizá, sin amor.

II

Al anochecer,
había rugido el invierno en las ramas
y, como un ascua, brilló el pinar.

Luego, me pareció oír ese silencio
que se oye en nuestros campos
cuando cae la nieve.
¿Cae la nieve o sólo es el silencio
lo que desciende desde cielos altos?

Viendo un resplandor azul en la ventana
supuse que la luna había salido
e iluminaba huellas de animales
en esa misma nieve.

Dentro de la casa,
con las luces apagadas,
confundido por la pasión del recuerdo,
no lograba distinguir
el ardor de las llamas de la chimenea
del que albergaba el horno del pecho.

III

Aquí, en nuestra tierra,
cerraremos los ojos
para apresar el sueño de otros días
y sentir cómo cruje la ribera en invierno,
y ver cómo discurren nuestros ríos
rebosantes de sombra,
y cómo tiembla el monte cuando asciende el humo
de las resecas hojas de la hoguera.
(¡Hogueras que aromaban Navidades de infancia!)

Cerraremos los ojos
para sentir de nuevo aquellas noches llenas
de astros como hielos
y el brillo de la escarcha en los chopos desnudos
con gorriones que esperan
a que llegue la nieve.

Aquí, en nuestra tierra,
cerraremos los ojos
sintiendo cómo corre por las venas
una lumbre gozosa de amor y de silencio.

PARAISO EN LA NIEVE

Cuando la nieve va a llegar, se oye
un silencio en los campos,
un silencio en los cielos.
Luego, van descendiendo densos copos,
los sientes en el rostro como un don
y te vas despertando a nueva vida.

Avanzas en lo blanco lentamente,
avanzas con el peso de lo negro
que siempre hubo en ti,
con lo que hiere y duele y nos enferma,
con todo el mal que en siglos hemos hecho,
con todo el mal que en siglos nos hicieron.
Mas, poco a poco, se aligera el cuerpo
y el alma, extraviada en lo blanco,
espacio es de sí misma.

¡Paraíso en la nieve!
Al fin, ya todo es blanco

en lo negro del hombre.
Hasta el aire tan frío que respiras
te parece de fuego.
Y allá donde se posan tus dos ojos
la luz es una zarza que llamea,
oímos el crujido de la luz.

LA ENCINA

En diciembre, casi sin desearlo,
me encontré contemplando en tierra de místicos
un atardecer que se consumía
—de horizonte a horizonte—
con la lentitud de un cálido rescoldo.

Ahora ya es de noche
y arriba todo es cielo
y abajo todo es mar de tierra parda
y aquí a mi lado sólo hay una encina
vieja y negra, enorme y grave.

¿Qué podría yo hacer en este espacio
con esta encina-madre, con esta compañera
de grandes brazos negros, de grandes brazos duros,
con este candelabro de velas apagadas?
¿Comeré de sus frutos más amargos?
Y, si tiendo los brazos, ¿sentiré cómo hiere
su hojarasca de escarcha?

[91]

¿Palparé la aspereza de su robusto tronco,
que más parece el lomo
de la bestia de un apocalipsis?

He venido a cobijarme
bajo la doble noche de la encina
porque era mucho el frío que desprende
el manto de esta tierra tan inmensa.
Me inquietaba también un vuelo de lechuza
en torno a la ruina de un palomar.
(Sospecho que mis ojos pueden ser el aceite
que el ave busca con inquietud
en el centro del páramo.)

Así que me he quedado a solas y vacío
de cuanto se hace y dice en este mundo,
pero lleno del silencio más blanco
que reinó en la primera noche del planeta.
Los pies ya se han callado
sobre el crujido de la hierba helada.
La boca sólo puede morder la tierra.
Los ojos, húmedos y extraviados,
ya no persiguen constelaciones
y dudan de si son astros o agujas
lo que cae de allá arriba, entre las ramas.

Con la idea del amor
(ese otro rescoldo que siempre llamea
en el pecho de los soñadores)
me caliento y espero,
voy pasando la noche
hasta que alba o muerte
sellen esta soledad infinita.

LA HORA INTERIOR

Cuando Todo es Uno
y cuando Uno es Todo,
cuando llega la hora interior,
se inspira la luz
y se espira una lumbre gozosa.

Entonces, amor se inflama
y oímos los silencios de fuego.

DEDICATORIAS

El poema «En el museo» está dedicado al pintor Ramón Gaya. «La fuente», a los amigos del Círculo Pitagórico. «La prueba», a Clara y Alejandro. La serie «Blanco/Negro» apareció previamente editada en Milán con pinturas de Mario Arlati. «La noche blanca», a Jean Serra. «Valle del Silencio», a Amancio Prada. «La encina», a Claudio Rodríguez.